PANÉGYRIQUE

DU BIENHEUREUX

GRIGNON DE MONTFORT

PRONONCÉ PAR

MONSEIGNEUR L'ÉVÊQUE D'ANGERS

LE 6 JUIN 1888

A SAINT-LAURENT-SUR-SÈVRE

ANGERS
IMPRIMERIE-LIBRAIRIE GERMAIN & G. GRASSIN
RUE SAINT-LAUD

1888

PANÉGYRIQUE

DU BIENHEUREUX

GRIGNON DE MONTFORT

PRONONCÉ PAR

MONSEIGNEUR L'ÉVÊQUE D'ANGERS

A Saint-Laurent-sur-Sèvre, le 6 juin 1888

Ipse est directus divinitus in pœnitentiam gentis, et in diebus peccatorum corroboravit pietatem.

Il a été suscité de Dieu pour conduire le peuple dans les voies de la pénitence et, en des jours mauvais, il a fortifié le règne de la piété.

(Eccl., xlix, 3 et 4.)

Messeigneurs, Mes Frères,

Il y a un siècle et demi, un humble missionnaire s'éteignait en ces lieux. Comme le soldat frappé sur un champ de bataille, il était tombé le crucifix à la main, brisé par les fatigues d'un long apostolat. Une seule consolation lui avait manqué dans cette mission, la dernière de toutes, celle de pouvoir ériger sur la colline, marquée de son doigt, l'un de ces calvaires au pied desquels il aimait à évangéliser les foules accourues sur ses pas. Cette colline, nous y sommes; ce calvaire, le voici, élevé par la piété populaire pour rester à jamais la chaire par excellence du bienheureux Père de Montfort.

Vous m'y avez appelé, Monseigneur de Luçon, pour me faire dire à cet immense auditoire ce qu'a été l'homme apostolique dont l'Église vient de béatifier la mémoire. Mais à quoi bon des discours, là où tant d'œuvres parlent d'elles-mêmes? Regardez plutôt, Mes Frères, et voyez ce bourg de Saint-Laurent-sur-Sèvre devenu comme la ville sainte de la Vendée, depuis qu'il a reçu en dépôt les restes sacrés du Père de Montfort; trois grandes institutions réunies autour de sa tombe comme une triple couronne de gloire et d'immortalité; une légion d'apôtres partant de là pour aller réveiller la foi dans les villes et les campagnes; des milliers de vierges du Seigneur formées à l'école de la divine Sagesse pour l'instruction des jeunes filles et pour le soulagement de toutes les infirmités humaines; l'éducation chrétienne de l'enfance aux mains d'une congrégation de Frères dont vingt diocèses recueillent les bienfaits; et, pour ajouter aux témoignages d'une fécondité si prodigieuse, toute une région de la France demeurée fidèle au souvenir d'un pauvre prêtre, à ses enseignements et à ses pratiques de piété, se transmettant de père en fils ses leçons toujours vivantes et répétant aujourd'hui, avec le même enthousiasme qu'à la première heure, les cantiques dans lesquels avait passé toute l'âme du saint missionnaire. Ah! dites-moi, est-il un panégyrique plus éloquent que tout cet ensemble d'œuvres éprouvées par le temps, et s'élevant bien au-dessus de la faiblesse humaine, pour manifester une puissance surnaturelle et divine ?

Et cependant, Mes Frères, il faut bien qu'il y ait eu, dans la vie même du Père de Montfort, de quoi expliquer les merveilles qui ont suivi sa mort. Cette vie, je dois la résumer en quelques traits, pour vous faire comprendre les grandes choses dont vous êtes témoins. A quel moment de l'histoire a-t-il paru ? sur quel théâtre a-t-il opéré ? En quoi a consisté son œuvre ? C'est la triple question que je me suis posée ; et, pour y trouver une réponse, je ne saurais mieux faire que de m'inspirer des paroles mêmes que j'ai prises pour texte : *Ipse est directus divinitus in pœnitentiam gentis et in diebus peccatorum corroboravit pietatem.* « Il a été suscité de Dieu pour conduire le peuple dans les voies de la pénitence, et, en des jours mauvais, il a fortifié le règne de la piété. »

I

Le XVIIe siècle touchait à sa fin, ce grand siècle, ce siècle si éminemment français, dans le cours duquel on avait vu toutes les gloires réunies autour d'un trône, le premier du monde. Rien n'avait manqué aux splendeurs d'un règne jusqu'alors sans rival, ni l'éclat des victoires, ni les chefs-d'œuvre du génie, ni la supériorité dans les lettres, les sciences et les arts. A toutes ces grandeurs d'une époque incomparable, la religion était venue ajouter les siennes par l'ascendant de sa doctrine, par l'éloquence de ses orateurs sacrés, par la fécondité de ses œuvres et de ses institutions. Il semblait que la France eût atteint le plus haut sommet où puisse arriver une nation, et que rien ne fût plus capable de l'en faire déchoir, tant il y avait en elle d'éléments de force et de prospérité.

Et cependant, sous des dehors si brillants, se cachaient des vices profonds. L'absence de tout frein dans l'exercice du pouvoir, le vertige de l'orgueil gagnant les meilleures têtes, la dignité chrétienne disparue sous l'intrigue et la flatterie, les prodigalités ruineuses d'un luxe insensé, une dissolution de mœurs d'autant plus à craindre que l'exemple en partait de plus haut : c'étaient là autant d'ombres au tableau des magnificences du grand siècle. Et pour ajouter à ces défaillances, une hérésie, fille du calvinisme, en répandait l'esprit sous des formes subtiles, soufflant la révolte contre l'Église romaine, desséchant les âmes, tarissant les sources de la piété, éloignant les peuples de l'usage des sacrements sous prétexte de respect pour les choses saintes, substituant au Dieu de l'Évangile, au Dieu du pardon et de la miséricorde, un Christ au cœur et aux bras étroits, et amenant ainsi, par ses doctrines arides et stériles, un appauvrissement continu de la vie et des vertus chrétiennes. Aussi, sans se laisser éblouir par tout ce faste et par toutes ces pompes, des esprits clairvoyants tournaient-ils vers l'avenir un œil inquiet, en présence d'erreurs et de vices qui leur paraissaient les signes avant-coureurs des grandes ruines et des grandes catastrophes.

Mais, dans la vie des nations chrétiennes, à côté du mal, il y a toujours le remède; et Dieu le leur offre à l'heure convenable. Déjà devant de tels périls on avait vu surgir toute une élite de saints personnages ardents à ranimer autour d'eux la sève chrétienne, à ramener les âmes aux sources de la véritable piété et à réagir par les pratiques de la pénitence contre les misères et les scandales de l'époque : les Vincent de Paul, les Olier, les Bérulle, les Rancé et tant d'autres formés à leur école. Leur exemple, plus encore que leur parole et leurs écrits, avait été pour toutes les classes de la société un éloquent rappel aux maximes de l'Évangile. Mais ce qu'il importait d'atteindre avant tout, de saisir et de remuer plus vivement, c'était le peuple des campagnes, ces masses profondes qui constituent la force principale d'un pays, et dont les vertus ou les vices décident de sa fortune. L'esprit de foi, pour ne pas ajouter le génie de saint Vincent de Paul, ne s'y était pas trompé ; et c'est de ce côté-là surtout qu'il avait dirigé ses efforts en fondant sa Compagnie de la Mission. Après lui comme avant lui, on verra, sous l'impulsion d'un même dévouement pour les petits et pour les humbles de la terre, on verra de grands missionnaires sillonner la France du nord au midi, pour secouer les âmes jusqu'au fond du dernier de nos villages, les Lejeune, les Nobletz, les Maunoir, les Bridaine, et, au-dessus d'eux, par la durée comme par l'éclat de ses œuvres, l'homme extraordinaire dont nous célébrons la mémoire, et qui, plus que tout autre, avait été suscité de Dieu pour conduire le peuple dans les voies de la pénitence et pour fortifier en des jours mauvais le règne de la piété : *Ipse est directus divinitus in pœnitentiam gentis, et in diebus peccatorum corroboravit pietatem.*

Humbles débuts, Mes Frères, que ceux d'un apôtre dont les prédications allaient remuer toute une région de la France! pauvreté, souffrance, humiliation, voilà par où s'ouvre sa carrière et par où elle devra se continuer. A Rennes, où, devant l'image de Marie, dans la chapelle des Carmes, sa vocation s'est révélée à lui avec une clarté surhumaine, il voit ses desseins traversés par les préoccupations mondaines de sa famille. A Paris, il est obligé de passer des nuits entières à veiller auprès des morts pour se procurer de quoi suffire aux frais de son éducation théologique. Encore si, du moins, l'on savait comprendre et apprécier, dans le pieux lévite, cet attrait irrésistible qui le porte vers les exercices de la pénitence et de la mortification. Mais, loin de là, ses actes de piété passent pour étranges; les saintes rigueurs auxquelles il se livre, on les traite d'imprudence et d'exagération; son zèle paraît outré à ceux qui prennent leur jugement pour la seule mesure du bien; c'est à qui se méprendra sur cette physionomie originale et tranchée. Il a beau accomplir des merveilles de charité à l'hôpital de Poitiers et à la Salpêtrière de Paris où il fait l'apprentissage et l'essai de son apostolat, auprès des malades et des pauvres, tout se tourne contre lui, ses succès plus que tout le reste, et l'on dirait que plus sa sainteté éclate au grand jour, moins elle réussit à se faire pardonner. Rejeté de partout, « comme une balle dans un jeu de paume », selon ses propres expressions, il peut se dire, avec saint Paul, le rebut et la balayure du monde, *omnium peripsema!* (1) Triste effet des préventions et des injustices humaines! Mais ne faut-il pas que, selon les desseins de Dieu, cet homme soit trempé dans l'adversité jusqu'au fond pour en sortir avec un tempérament d'acier? Ne faut-il pas que tout vienne à lui manquer du côté des hommes, pour qu'il ait le droit de répéter avec d'autant plus de confiance ces deux mots qui seront le résumé de ses discours, le refrain de ses cantiques et la devise de toute sa vie : Dieu seul! Dieu seul!

Aussi, ne craignez pas, Mes Frères : le monde aura beau l'abreuver d'amertumes et l'accabler de ses dédains, Grignon de Montfort porte avec lui trois forces dont il

---

(1) Ire aux Cor., IV, 13.

nous a livré le secret dans ses admirables écrits : une intelligence parfaite de la divine sagesse, un amour passionné pour la croix, une dévotion singulière à la Très Sainte Vierge. Avec ce levier d'une puissance incomparable, il soulèvera les multitudes ; sans égard pour la prudence de la chair, il combattra en face l'orgueilleuse sagesse du siècle avec l'humble folie de la croix ; il ira, le crucifix d'une main et le rosaire de l'autre, traîner les idoles du monde, abattues et brisées, au pied de ses calvaires ; fort de la mission que le pape Clément XI lui a confiée, il triomphera des sécheresses et des duretés du jansénisme en jetant les âmes dans les bras de Marie, pour les conduire à Jésus épanouies et dilatées au grand soleil de la grâce. Par ses pratiques comme par ses enseignements, il formera un peuple de chrétiens à la foi robuste, d'une piété franche et ouverte, simples dans leurs habitudes et dans leurs mœurs, sachant garder, d'une génération à l'autre, la forte empreinte de leur grand missionnaire, et capables de montrer, à un siècle de là, avec le courage du soldat, les vertus qui font les saints et l'héroïsme qui produit les martyrs.

J'ai dit l'époque à laquelle le Père de Montfort a été suscité de Dieu. Voyons sur quel théâtre il doit opérer.

II

A l'époque où Grignon de Montfort commençait son apostolat, il y avait, à l'ouest de la France, une race vers laquelle devaient se tourner de préférence les regards du saint missionnaire. Dieu, qui distribue ses dons comme il lui plaît, avait doué cette race de toutes les qualités naturelles qui constituent un grand peuple. L'histoire était là pour montrer avec quelle ténacité elle avait su défendre, en toute rencontre, depuis le temps de Jules César, la vie et la tradition nationales. Puis, l'Église était venue greffer sur ce tronc robuste les vertus dont elle portait avec soi le principe; et, nulle part ailleurs, la sève chrétienne n'avait coulé plus large ni plus féconde. L'âme de ce peuple avait été ainsi comme pétrie de deux sentiments également propres à engendrer l'héroïsme : la foi religieuse et la fidélité au pouvoir légitime. Aussi, lorsqu'à la fin du siècle dernier, lorsqu'en un jour de haine et d'aveuglement l'on en vint à s'attaquer aux oints du Seigneur, à tout ce qui représentait le Christ dans l'État comme dans l'Église, ce peuple tressaillit dans ses bocages et au fond de ses ravins. Il se leva pour défendre tout ce qu'il aimait, tout ce qu'il respectait; et le monde fut témoin d'une lutte telle qu'il ne s'en était pas vu de plus émouvante depuis l'ère des Machabées. *Moriamur in simpli-*

citate nostra (1), « mourons dans la simplicité de notre foi », répétaient ces fils de paysans que la foi avait transformés en héros, et qui marchaient au combat simplement et sans crainte, *simpliciter et confidenter* (2). Infructueux en apparence, leur sacrifice ne restera pas stérile. Car s'il est vrai que le sang des martyrs devient une semence féconde et que Dieu mesure son pardon à nos expiations ; si quelques années après cette guerre de géants, comme l'appelait un homme qui s'y entendait, vous avez vu vos autels se relever, vos prêtres revenir de l'exil, et l'Église de France se redresser sur ses ruines plus forte que jamais, c'est que le sang des justes avait mérité toutes ces restaurations, c'est qu'avant d'éclater au grand jour de l'histoire, la résurrection avait germé dans ces tombes obscures où le dévouement s'était enseveli avec les fils de la Vendée.

Mais qui avait retrempé l'âme de ce peuple aux sources de la foi ? Qui avait formé de longue date et préparé à des luttes héroïques cette Vendée militaire devenue l'admiration du monde entier dans les plus mauvais jours de notre histoire ? Qui avait donné le branle à ce mouvement de résistance chrétienne dont les effets allaient se faire sentir à quatre-vingts ans de là ? Ah ! n'hésitons pas à le dire et à le répéter avec la voix publique : nul n'y a plus contribué que Grignon de

(1) 1er livre des Machabées, II, 37.
(2) Prov. x, 9.

Montfort. Ces choses merveilleuses ont été en grande partie son œuvre et celle de ses fils.

Toutefois, avant de se tourner vers une région destinée à devenir sa terre de prédilection, ne doit-il pas les prémices de son apostolat aux lieux qui l'ont vu naitre? N'y a-t-il pas là un peuple également appelé à marquer sa place parmi les plus fermes soutiens de la foi catholique? Prêtre breton, comment la Bretagne ne l'attirerait-elle pas tout d'abord, la Bretagne avec ses convictions robustes comme les chênes de ses vallées, inébranlables comme le granit de ses côtes, la Bretagne avec ses traditions de fidélité, d'honneur et d'héroïque dévouement? Le voyez-vous, Mes Frères, qui, à peine revenu de Rome avec les bénédictions du vicaire de Jésus-Christ, s'empresse de consacrer à sa patrie les premiers efforts de son zèle? Il y court, il y vole, de Rennes à Saint-Malo, de Saint-Malo à Saint-Brieuc, de Saint-Brieuc à Nantes, évangélisant une paroisse après l'autre, multipliant les retraites et les missions, restaurant les sanctuaires, établissant des confréries, ouvrant des écoles et laissant derrière lui, dans les croix qu'il plante et dans les calvaires qu'il érige, autant de trophées de ses victoires sur l'enfer et sur le monde? La Chèze, Montcontour, Pontchâteau, Vallet, cent autres endroits marqueront les étapes de la voie que suit, aux acclamations des foules suspendues à ses lèvres, ce nouveau conquérant des âmes.

Ah! l'on prodigue des admirations faciles à ces

hommes de guerre qui, à la tête d'armées nombreuses, emportent les villes d'assaut et conquièrent des provinces, au prix de combien de larmes et de sang, hélas! Mais quand je vois cet humble prêtre, suivi du frère Mathurin ou de quelque autre de ses rares compagnons, remuer par la parole des diocèses entiers, donner l'assaut à tous les vices, triompher des passions ameutées contre lui, renverser sur son chemin préjugés, haines, persécutions, et marcher ainsi de victoire en victoire, toujours prêt, dans ce duel avec l'ennemi des âmes, à reprendre le lendemain une lutte interrompue la veille; ah! Mes Frères, à la vue d'un tel spectacle, je me dis : voilà qui est vraiment admirable; c'est le faîte de la puissance et de la grandeur morales.

Après la Bretagne, la Vendée. C'est l'honneur des évêques de La Rochelle et de Luçon d'avoir mieux compris que bien d'autres, le don que Dieu venait de faire aux populations de l'Ouest, Lescure et Champflour, noms vénérables à jamais et qui resteront attachés pour toujours à la mémoire du Père de Montfort! Aussi, Mes Frères, comme le saint missionnaire se sent à l'aise sous une autorité si paternelle, et au milieu d'un peuple si bien fait pour le comprendre! Il n'a plus que cinq années devant lui pour achever sa courte et féconde carrière. Mais que d'œuvres en si peu de temps! A partir de la mission de la Garnache par où il débute, je le vois qui se multiplie en quelque sorte, qui passe et repasse d'une extrémité de l'Ouest à l'autre, depuis La

Rochelle où les Calvinistes s'ébranlent aux accents de sa voix, depuis l'Ile-Dieu où les populations l'accueillent avec un pieux enthousiasme, jusqu'à ces paroisses de la Séguinière et de Roussay devenues, grâce à lui, des modèles de piété pour le diocèse d'Angers. Partout son succès est le même ; les peuples le suivent en quelque lieu qu'il porte ses pas ; lorsqu'il prêche la pénitence, les sanglots de son auditoire couvrent sa voix ; et ce n'est pas seulement du haut des chaires qu'il subjuge les âmes : rues, places publiques, ponts de bateau, assemblées mondaines, tout endroit lui est bon pour y faire entendre la parole de Dieu ; et, dans l'ardeur de son zèle, il en jettera des éclats jusqu'en des lieux où la sainteté seule peut se faire pardonner ces sublimes hardiesses. Ah ! dites-moi, depuis les jours de saint Antoine de Padoue et de saint Vincent Ferrier, le monde avait-il assisté à de pareils triomphes de la parole sainte ?

Et d'où venait à cet homme un tel ascendant sur les âmes ? Oui, sans doute, Grignon de Montfort était merveilleusement doué pour la parole comme pour l'action. Théologien, orateur, poète, artiste, il était tout cela, et au plus haut degré ; mais rien de tout cela ne suffirait pour expliquer comment il était devenu dans les mains de Dieu un instrument capable d'opérer de si grandes choses. Et quand je cherche le secret de cette puissance, je ne m'arrête pas aux qualités d'une nature pourtant si riche, si pleine d'intelligence et d'énergie ; je m'éloigne de cette scène du monde où le talent et la vertu éclatent au grand jour; je suis l'homme de Dieu dans les lieux de retraite qu'il s'est choisis, dans la solitude de Saint-Lazare, dans l'ermitage de Saint-Éloi, dans la grotte de Mervent. C'est là que je le vois préluder à l'apostolat par d'effrayantes austérités, se déchirant les chairs à coups de discipline, le corps chargé d'un cilice et d'une chaîne de fer, pour anéantir en lui tout ce qui est purement terrestre et humain. C'est là que je le vois, seul à seul avec Dieu, puiser dans l'oraison des lumières d'où sortira ce « traité de la vraie dévotion à la sainte Vierge, » l'une des pages les plus admirables qui aient été écrites depuis saint Bernard; et cette « lettre-circulaire aux amis de la Croix, » chef-d'œuvre d'éloquence que l'on tenterait vainement de surpasser; et tant d'autres écrits qui sont comme la substance et la moëlle des prédications du Père de Montfort. Ainsi se forment les saints; ainsi se préparent les grands apôtres.

III

Je viens de prononcer le mot apôtre pour caractériser l'œuvre du Père de Montfort. Or quand on a dit ce mot-là, l'on a rappelé l'une des créations les plus étonnantes de la foi. Si je regarde par delà le christianisme, je vois bien dans l'antiquité païenne, je vois le rhéteur qui disserte, le sophiste qui discute, le philosophe qui converse tranquillement au milieu d'un petit cercle d'initiés ou d'adeptes, mais qui, après tout, s'il n'est pas écouté, en prend son parti, ferme ses livres et s'en va. Cet homme-là, il n'est pas rare de le rencontrer dans les siècles païens ; il s'est appelé tour à tour Socrate, Platon, Cicéron. Cela se comprend et cela s'explique. Mais l'apôtre, mais le missionnaire qui, pour sauver des âmes, s'élance jusqu'aux confins de l'univers, oublie la fatigue, brave le péril et affronte la mort ; cet homme auquel l'amour de Dieu donne des ailes, qu'il soulève de terre et pousse à travers le monde tout brûlant d'ardeur pour la vérité ; cet homme qui, cent fois rebuté, n'en revient pas moins à la charge, presse, sollicite, adjure ; qui, si on l'écoute, verse des larmes de joie et, s'il est repoussé, frémit de douleur ; cet homme qui, depuis dix-huit siècles, passe et repasse sous les yeux des peuples, et qui, dans sa course que rien n'arrête, a traversé toutes les contrées, franchi toutes les mers, est apparu sous toutes les latitudes portant la parole sur ses lèvres et la doctrine dans son cœur ; cet homme-là, je ne le vois nulle part en dehors du christianisme ; c'est une création de l'Évangile, une création surhumaine ; et je n'aurais besoin d'aucune autre preuve pour conclure à la divinité d'une religion qui a su et qui sait encore produire de tels hommes.

Grignon de Montfort a été l'un de ces géants de l'apostolat qui, depuis saint Paul jusqu'à saint Vincent Ferrier et à saint François Xavier, et au-delà, ont fait éclater cet amour surhumain de la vérité et cette passion des âmes dont rien n'approche dans l'histoire du monde. Et en quoi a consisté son œuvre ? Lorsque, il y a vingt ans, les Pères du Concile de Poitiers voulaient la définir, ils disaient : « C'est grâce au vénérable Louis-Marie Grignon de Montfort, que l'on doit, dans nos contrées de l'Ouest, d'avoir conservé une foi vive, l'amour de la Croix et la dévotion à la sainte Vierge. »

Une foi vive ! Ah ! c'est qu'elle avait passé de l'âme du saint missionnaire, comme d'un foyer toujours ardent, dans l'âme du peuple attaché à ses pas. Elle y passait par l'instruction, par l'exemple, par la prière, par toutes les pieuses industries que lui suggérait son zèle, depuis « les contrats d'alliance avec Dieu » jusqu'aux « rénovations des promesses du baptême ». Arrière les sécheresses du jansénisme, ses duretés pour les pécheurs, ses défiances envers la miséricorde divine ! Ce que demande le Père de Montfort, ce sont des cœurs qui s'ouvrent à l'amour de Dieu, des âmes qui viennent se renouveler aux sources de la grâce, pour y puiser cette piété généreuse, tendre et forte, qui est la marque du véritable esprit chrétien. Et alors, le voilà qui, pour graver les vérités de la foi dans la mémoire de ses Vendéens et de ses Bretons, pour en faire un peuple de chrétiens, à l'âme simple et vaillante, héroïque et joyeuse, chantant et bénissant Dieu dans le travail, dans la souffrance, toujours et partout, le voilà qui compose ces immortels cantiques où, dogme et morale, vertus chrétiennes, devoirs d'état, pratiques de piété, tout prend de l'éclat, du mouvement et de la vie, sous les formes les plus familières et les moins apprêtées. Après avoir prêché, il chante ses prédications : il chante dans ses joies, dans ses peines, dans ses humiliations ; il chante la nature où tout lui parle de Dieu ; il chante les victoires de la grâce sur les âmes ; il chante les abaissements de la crèche, les tendresses du Sacré-Cœur, les magnificences de l'Eucharistie, toujours vif et entraînant, parfois éloquent jusqu'au sublime, mais jamais mieux inspiré que dans les strophes où il célèbre les triomphes de la Croix et les gloires de Marie.

La Croix ! L'amour de la Croix ! Voilà, Mes Frères, le premier et le dernier mot du grand apôtre de la Vendée. C'est de la Croix qu'il fait dériver, et c'est à elle qu'il ramène tout son enseignement. Faut-il s'en étonner ? Tout est là, en effet, sur ce bois suspendu depuis dix-huit siècles entre le ciel et la terre : la divinité et l'humanité. La divinité ! Ses grandeurs, ses abaissements, ses tendresses. L'humanité ! Ses malheurs, ses espérances, ses gloires. La divinité ! Son courroux et son pardon. L'humanité ! Ses fautes et ses souffrances. La divinité ! Ses œuvres et ses droits. L'humanité ! Ses devoirs et ses mérites, ses réprouvés et ses élus, son passé et son avenir. Tout cela est écrit en caractères de sang dans ce livre déployé aux yeux du monde, et dont chaque trait est une lumière, chaque ligne une révélation, chaque page une vision de Dieu et de l'éternité.

C'est ce livre où se résume l'Évangile, qui est l'Évangile en acte, l'Évangile vivant et palpable, c'est ce livre merveilleux que le Père de Montfort ouvrait devant les multitudes comme l'abrégé de ses prédications. De là ces plantations de croix, ces érections de calvaires par où se terminaient toutes ses missions. Vive Jésus! vive sa croix! c'était son chant de triomphe. « On nous empêche de planter une croix : eh bien? s'écriait-il dans un saint enthousiasme, plantons-la dans nos cœurs, elle y sera mieux placée que partout ailleurs. » Et encore : « Vous vous appelez amis de la croix : que ce nom est grand! Je vous avoue que j'en suis charmé et ébloui. Il est plus brillant que le soleil, plus élevé que les cieux, plus glorieux et plus pompeux que les titres les plus magnifiques des rois et des empereurs, c'est le grand nom de Jésus-Christ, vrai Dieu et vrai homme tout ensemble : c'est le nom sans équivoque d'un chrétien (1). »

Mais quoi, Mes Frèrss! La croix avec ses souffrances et ses humiliations n'a-t-elle pas de quoi effrayer la nature humaine si rebelle au sacrifice? Pour conduire les âmes au pied de la croix, ne faut-il pas comme attrait victorieux vers le dévouement et la douleur, une dévotion plus douce, plus aimable, plus tendre, plus suave, plus propre à charmer les cœurs en leur inspirant la confiance dans les divines miséricordes! Ah!

---

(1) Lettre circulaire aux amis de la croix.

paraissez, céleste figure de Marie, avec vos merveilles de grâce, de pureté, de clémence, de tendresse pour les âmes ; votre image va planer sur tout cet apostolat, pour lui donner un incomparable reflet de lumière et de compatissante bonté. Vos grandeurs et vos bienfaits seront le thème habituel de ces discours tout enflammés d'ardeur pour votre gloire. C'est le rosaire à la main que votre serviteur ira, de contrée en contrée, réduire les âmes dans le saint esclavage de Jésus ; et il pourra dire de cette arme invincible, dans un langage auquel je ne veux rien enlever d'une rudesse apostolique qui, chez lui, allait jusqu'au sublime : « que jamais pécheur ne lui avait résisté, une fois qu'il lui avait mis la main au collet avec son rosaire. » Salut à vous, Marie, ce sera le cri de son âme dans ses instructions, dans ses cantiques, dans ses écrits ; et enfin, à son heure dernière, en face de ces collines de Saint-Laurent-sur-Sèvre, terme de son pèlerinage ici-bas, il ramassera ses forces en ces deux mots où se résume son œuvre : « Rendons grâces à Dieu et à Marie : » *Deo gratias et Mariæ !*

Et maintenant, allez à votre tour, enfants du bienheureux Père de Montfort, porter à travers le monde sa foi vive, son amour passionné pour la croix, sa dévotion à la Très Sainte Vierge. Prolongez son œuvre au milieu de nos campagnes, dans nos écoles, auprès des malades et des pauvres. Faites bénir son nom et sa mémoire à l'étranger comme en France, depuis l'ouest de l'Europe jusqu'au nord de l'Amérique. Vous êtes le rayon le plus éclatant et le plus pur de sa gloire terrestre, missionnaires de Marie, Filles de la Sagesse, Frères de Saint-Gabriel. Le Père de Montfort se survit en vous, dans vos travaux et vos vertus. Sa tombe a été le berceau de toutes vos institutions : c'est auprès d'elle que vous êtes nés, que vous avez grandi, et que vous resterez à jamais comme la preuve vivante de son génie et de sa sainteté.

Protégez donc avant tout, ô grand apôtre de la Bretagne et de la Vendée, cette famille religieuse à laquelle vous avez laissé votre esprit avec vos enseignements. En retour des hommages que nous vous rendons sur la terre, étendez du haut du ciel les effets de votre protection à ces catholiques diocèses de l'Ouest qui se trouvent ici réunis dans un même sentiment de confiance et de vénération ; à ces prélats qui, par leur science et leurs vertus, honorent leurs sièges déjà si couverts de gloire et d'antiquité ; à tout ce clergé dont l'existence se consume dans les sacrifices d'une vie austère et laborieuse ; à ces nobles représentants de toutes les forces vives de notre chère patrie ; à cette France chrétienne qui, comme aux anciens jours de son histoire, est toujours, en dépit de tout et malgré tout, le soldat du Christ, le défenseur-né de l'Église. Ah ! priez pour ce peuple des campagnes que vous avez tant aimé sur la terre, et au milieu duquel se sont écoulées les années les plus fructueuses de votre apostolat. Plus que jamais il est en butte aux attaques de l'impiété. Voilà pourquoi l'Église et son auguste Chef, hier Pie IX, aujourd'hui Léon XIII, ont choisi ce moment pour vous placer sur nos autels, vous l'apôtre par excellence des campagnes ! Obtenez à ce peuple la grâce de conserver avec sa foi robuste, ses idées saines, ses bons principes, ses goûts simples, ses mœurs pures, ses habitudes sévères, ses vertus domestiques, son attachement à la religion et à l'Église, tout ce qui a fait jusqu'ici l'honneur et la force de cette partie de la France restée plus fidèle que toute autre à ses croyances et à ses traditions.

Et vous, Mes Frères, qui êtes accourus en si grand nombre pour prendre part à ces touchantes solennités, vous, les descendants et les arrière-petits fils de ces braves Vendéens que le Père de Montfort électrisait par sa parole, emportez avec vous au sein de vos familles le souvenir de ces grandes journées de la foi. Gravez dans votre âme les leçons qui en découlent. Il y a un an, célébrant à une autre extrémité de la France la mémoire d'un grand pape, qui fut aussi, comme Grignon de Montfort, un grand Français, je répétais la parole d'Urbain II appelant nos pères à la défense de la foi : Dieu le veut ! Dieu le veut ! Dieu le veut ! Aujourd'hui, devant les tristesses du présent et les menaces de l'avenir, c'est un autre cri que je voudrais faire retentir au fond de vos cœurs, le cri que l'apôtre de la Vendée aimait à jeter à travers les multitudes, au terme de ses missions, comme le cri de la foi, de l'espérance et de la divine charité : Dieu seul ! Dieu seul ! Dieu seul ! Ainsi soit-il !

Angers, imp. Germain et G. Grassin. — 773-88.

www.ingramcontent.com/pod-product-compliance
Ingram Content Group UK Ltd.
Pitfield, Milton Keynes, MK11 3LW, UK
UKHW021048260726
13994UKWH00005B/2402